AF232240

CORPORATIONS RELIGIEUSES

DE

L'ALGÉRIE.

ANALYSE ET RECHERCHES,

PAR

Alfred POISSONNIER.

PARIS,

IMPRIMERIE DE ÉDOUARD BAUTRUCHE,

RUE DE LA HARPE, 90.

1848

CORPORATIONS RELIGIEUSES

DE

L'ALGÉRIE.

ANALYSE ET RECHERCHES,

PAR

Alfred POISSONNIER.

PARIS,

IMPRIMERIE DE ÉDOUARD BAUTRUCHE,

RUE DE LA HARPE, 90.

1848

À

Monsieur

LE MINISTRE DE L'INSTUCTION PUBLIQUE.

Monsieur le Ministre ,

Je me permets de vous adresser trois brochures sur notre colonie d'Afrique:

Souvenirs de 1843 sur la province de Constantine.

Gérard le tueur de lions, 1847, et une analyse des mœurs religieuses, les *Khouan*.

Ces œuvres peu volumineuses, surtout peu connues dans le monde littéraire, ont cependant été bien accueillies par leur A. R. les princes de Nemours, Joinville, Aumale, qui voulurent bien, sans sollicitations, souscrire à mon ouvrage et m'honorer de la sorte de l'émission de quelques idées que l'expérience est venue confirmer assez justement.

La princesse Hélène, au nom du prince royal, m'accorda même une prime d'encouragement en 1847.

Non moins généreux pour moi, le duc d'Isly, par une lettre datée d'Excideuil, voulut bien me dire : que dans mes souvenirs d'Afrique, et par mon concours à la rédaction du journal l'*Ordre*, sur mon travail Algérien, j'avais fait acte de bon citoyen.

C'est avec ces titres, Monsieur le Ministre, que je viens solliciter, de votre puissance, le droit d'arriver comme écrivain silencieux, par une jeunesse active, par quelques voyages isolés et déjà lointains, à l'honneur d'être attaché en Algérie, au Sénégal où en Perse, à une mission scientifique, avec des hommes plus méritants et plus expérimentés ; croyant être l'homme des circonstances difficiles et périlleuses où le courage supplée au talent.

Daignez agréer, Monsieur le Ministre
les hommages respectueux, de votre très-humble subordonné,

ALFRED POISSONNIER.

Chez son père officier de l'Université, principal
du collége de Riom (Puy-de-Dôme).

CORPORATIONS RELIGIEUSES

DE

L'ALGÉRIE.

On ne peut, on ne saurait trop fixer l'époque de la pacification de l'Algérie. Cette question militaire soumise en ce moment à la puissance d'un homme qui défend sa *nationalité,* peut d'un moment à l'autre se compliquer par des causes extérieures d'une puissance plus formidable et plus avouée ; mais ce que l'on peut dire avec vérité, c'est que depuis quelques années, la lumière est faite là-bas. L'armée en avançant dans le territoire, s'est vue suivie par des explorateurs pacifiques. On ne se contente pas d'un butin matériel, on poursuit encore les causes intelligentes et motrices de cette résistance prolongée.

C'est là un succès difficile à préciser, mais c'est la base de la pacification, parce que du fruit de ces études de mœurs, des causes connues de la résistance, on peut avec connaissance et fructueusement amoindrir les effets qui se représenteraient dans l'avenir.

On est resté longtemps à créer la carrière des interprètes, à fixer une attention sérieuse sur ces spécialités indispensables. En abandonnant l'interprétation des questions les plus graves, comme des plus puériles au jugement d'hommes, pris au hasard, dans les rangs des aventuriers qui parlaient seulement l'arabe, mais qui ne pouvaient le raisonner, ni apporter aucune lumière sur la naissance des événements, aucun indice particulier sur les mœurs, aucune étude littéraire sur l'Algérie du passé et du présent ; on privait la colonie des connaissances nécessaires aux rouages politiques ; on était dans une fausse voie. Cette heureuse réforme s'est accomplie, cette classe isolée d'abord, se fortifie maintenant chaque jour, et chaque jour donne de nouvelles preuves de l'intelligence dont elle est susceptible. *Les bureaux* arabes sans organisation inscrite, se trouvent à la hauteur des circonstances. La plupart des officiers qui les dirigent, apportent dans leur minutieux travail, dans l'enchaînement de leurs projets, intelligence et succès sérieux ; et quoique reconnaissant qu'ils s'acquittent noblement de leur mission, nous voyons avec peine cette force entre leurs mains.

Nous ne sommes pas d'une opposition systématique, du nombre de ceux que la capote offusque ou que l'épée effraie, mais nous croyons sérieusement que le *baromètre des événements politiques* ne doit pas leur appartenir. Toute la question de l'Algérie est cependant là.

Bien initiés aux lois, aux usages, aux mœurs algériennes, les bureaux arabes ne sont venus que tardi-
vement révéler le fruit de leurs études. Ce domaine
privilégié était un sanctuaire qu'ils exploitaient en
silence.

La colonie maintenant s'appuie sur des institutions
sérieuses. Le voyage de M. de Salvandy est la prise
de possession du monde des études qui pour fructifier
sous ce beau ciel, n'a besoin que de quelques mar-
ques sérieuses d'une telle protection.

La plupart des voyageurs qui viennent en Algérie,
y sont poussés par le désir de retrouver en réalité, le
rêve de leur imagination, le brillant tableau de quelques romanciers, les fausses étoiles des mille et une
nuits sous un soleil moins trompeur.

Delà aussi, de ce pas immense qui date d'un rêve
à une réalité plus difficile à saisir et à rétablir, naissent les jugements exagérés, les opinions mal assises.

Parce que l'on n'a pas rencontré sur la terre afri-
caine tous les oasis désirés, la fécondité partout, mieux
encore, les riches panoramas, on se trouve d'une hauteur prodigieuse abaissé à un si triste niveau, que
subitement on laisse sur cette terre une malédiction.
Passant aux études sur les indigènes, on croyait trouver du brillant, du miroitage, quelque chose de fééri-
que, on n'ose saisir un mauvais bernous.

Le voyageur trompé dans ses espérances, ne cherche

plus à connaître la terre qu'il parcourt, à étudier les hommes qu'il voit, à saisir les nuances des caractères; cet homme qui passe, se hâte de gagner la côte, il veut fuir non-seulement l'Arabe, mais même les villes françaises, les camps. Il oublie que Carthage la brillante par ses ruines et ses souvenirs, se relève partout plus forte, plus étincelante de puissance.

Si c'est un romancier ou un artiste qui a parcouru la colonie, ce jugement-là pourra s'éteindre comme ses productions éphémères; mais si c'est un homme sérieux, ayant mission d'*explorateur*, ce jugement-là pourra être d'un grand poids pour les destinées algériennes.

Non pas que cette opinion même grave, puisse à tout jamais être fatale, telle n'est pas notre pensée. Le prince qui dirige actuellement, est une prise de possession définie aux yeux des puissances, sérieuse pour la colonie elle-même; mais nous croyons que certains hommes peuvent par des indiscrétions, des jugements anticipés, des erreurs acquises à la course, ralentir certains progrès, écarter de la colonie les spéculateurs sérieux, et apporter dans les délibérations générales, un pouvoir puissant, souvent contraire.

Près de ces hommes que l'Algérie nomme aussi étrangers, qu'elle n'accepte pas toujours, et parmi ceux qui sont pour elle espérance, nous devons classer M. de Neveu.

Le livre des *Khouan* est à nos yeux le premier jalon de la science, le premier livre qui doit être la clé des mystères algériens. Que politiquement parlant, on discute l'établissement des camps militaires, cette question sérieuse le mérite, mais lorsqu'un écrivain vient aussi étudier les motifs qui distancent la barbarie de la civilisation, par quels moyens on peut hâter la fusion de ces deux pôles, qu'il définit le véritable caractère arabe, ses lois écrites, ses usages qui sont des lois, ses sociétés avouées, ses sociétés secrètes : cet écrivain dis-je, est pour la marche de l'avenir, une lumière à laquelle on doit le mérite de l'analyse. Dans une opinion préconçue, dérobée, on enveloppe généralement l'Arabe dans la même proscription, comme on essaie de le ranger sous la même banière par la guerre, la religion. Erreur, préjugé !

Ce peuple se divise et se subdivise. Il y a schisme en religion, comme il y a différence de lois, d'usages, si on ne rencontre pas à chaque voyage, à chaque changement de lieu, un monument qui dénote une puissance, on trouve encore un caractère propre qui se déroule par des positions plus ou moins formidables, par des entourages plus ou moins nécessaires. De la tente à la cabane de feuilles, il y a presque la différence de deux nations. En religion, quelques-uns s'attachent au Coran, pratiquant à la lettre ; beaucoup élargissant les versets, y donnent l'élasticité selon leur intelligence, ou matérielle ou passionnée. On semble assister à ces vielles luttes religieuses, aux conclaves de la vieille Auvergne. Il n'y a là ni chapes dorées, ni mîtres étincelantes; mais des vieillards à barbe blanche, assis gravement sous le palmier ou sous le plus modeste aulne, jettent dans ces assemblées tout le respect majestueux et désirable.

Cette couleur générale qui plane sur ce peuple, n'est pas inscrite dans le livre des Khouan, mais elle se comprend, se définit, s'infiltre avec la pensée qui a présidée à la rédaction de ces études qui frappent aussi par des recherches historiques. Le règne des probabilités est peut-être étendu, trop recherché à côté du réel, du positif; mais sauf cette fantaisie de suppléer à l'action accomplie et certaine par une action d'imagination, par quelques fables, le livre des Khouan s'ouvre par un cachet curieux et instructif.

Le mot Khouan signifie frères; il est utilisé dans le sens de lien de famille, plutôt d'arabe berbère que littéral. Mais pour qu'il puisse être compris comme terme de corporation, il sera presque toujours suivi de phrases explicatives.

Chaque ordre religieux possède le *trik* ou la manière d'arriver le plus agréablement au ciel par la règle voulue. Selon M. de Neveu, six corporations religieuses dominent en Algérie, et se caractérisent

sur les masses par une influence plus ou moins sensible.

Chaque ordre religieux s'est élevé par une puissance dite miraculeuse, et les chefs obligés de se
vulgariser, ne maintiennent leurs pouvoirs et le
prestige de la puissance héréditaire, que par un
essai de rapprochement plus ou moins sensible du
fondateur, en esquivant l'analyse de leurs prosélytes,
ils se trouvent obligés de vivre par des actes hors
ligne, en un mystérieux recueillement. Les Aissaoua,
les frères Hansali, les Moulei-Taieb, les Tsid-Jani,
les Derkaoua, et Sidi-Mhammet-ben-abder-Rha-
man-ben-Kobarin, telles sont les principales corporations de l'Algérie.

Nous avons dit que la masse était subjuguée par
l'apparence miraculeuse que reflétait le fondateur.
Dans la vie primitive, sous ce soleil fecond, actif,
le cœur semble déborder avec plus d'impétuosité,
et l'imagination franchir avec plus d'avidité les
bornes de l'idéal. Cette double vie et une sorte de
dédommagement à la stérilité de la vie réelle. Tous
les peuples ont eu cet âge, cette foi mystérieuse,
ce bonheur insaisissable ; chez les orientaux, cette
existence est forte, supérieure, passionnée.

Au milieu de ces superstitions extravagantes, il
s'est mêlé quelquefois, comme pour en tempé-
rer la fougue, les écarts, un stoïcisme évangélique

qui les relève dans leur abaissement continu.

Ainsi, pendant que nous constatons l'établissement des Derkaoua qui se révoltent à toute idée de
supériorité, nous trouvons la révélation de Sidi-
Abd-el-Kader-el-Djelali, qui prouve que par la vo-
lonté du prophète, les croyants doivent supporter
annuellement trois cent quatre-vingt mille calamités.

Il est vrai de dire aussi, que suivant, et comme
calque peut-être de ce *bouc israélite* que l'on char-
geait de tous les péchés du peuple de Dieu, il se
trouve un homme assez dévoué pour accepter en
Job et accumuler toutes ces calamités.

Les Kouan ne se claustrent pas, mais par leurs
pèlerinages, les quêtes, l'accumulation de bonnes
œuvres, ils concourent à la fondation des mosquées.

Nous n'acceptons pas comme M. de Neven, que les
Zaouia soient, dans le sens qu'il l'indique, le fait
des Khouan.

Il n'existe en Afrique aucun hospice avoué et en-
tretenu, aucune maladrerie; seulement des écoles
dirigées par des Thaleb. Pourquoi une forte organisation de monastères bienfaisants chez un peuple
où les droits de l'hospitalité sont encore en vigueur,
où le vieillard est respecté dans sa famille, le père
divinisé, le paralytique honoré en raison de son mal-
heur?

Ensuite, la vie matérielle de l'arabe se plie à

toutes circonstances difficiles. Cette terre bien que pauvre, donne le chardon, et l'arabe ne se plaint pas de cette triste nourriture.

Les belles institutions philanthropiques arriveront lorsque la pierre de l'oreiller sera remplacée par le positif énervant et amer!

Si M. de Neveu nous eût dit : Il y a dans tel lieu la tombe d'un saint vénéré; ce lieu n'est pas cultivé; les alentours sont respectés, nous admirerions la version, et nous croirions qu'un coupable trouverait là un refuge sur la pierre de la tombe, et de pieux pèlerins qui lui apporteraient l'aumône.

Si l'Arabe n'inscrit pas en lettres pompeuses son respect pour les morts, cependant en aucun lieu du monde le respect n'y est mieux pratiqué. Je me souviens qu'après la prise de Constantine, lorsque l'on voulût relier les camps au centre militaire par les premières routes praticables, il fallut traverser le cimetière de la ville. La population entière s'émut et faillit se soulever. Pendant que les soldats, par la pioche et la pelle, brisaient les tombes, faisaient voler les ossements, les hommes, les femmes, les enfants arabes recueillaient les débris, et allaient les ensevelir ailleurs.

Voici notre pensée entière sur les corporations religieuses : elles naissent par la puissance de l'imagination et s'inoculent sans le secours des biens terrestres. Les chefs peuvent ralentir le zèle ou le pousser jusqu'à la folie. Il est urgent, nous le croyons, de s'attacher les moteurs principaux de ces corporations; car, en les négligeant par trop, ce serait permettre la formation d'une puissance qui ayant à ajouter à la foi exaltée, la haine de notre envahissement, peuvent avec le levier de la religion pousser les populations à une guerre terrible.

Il serait peut-être plus rationel de faire comprendre à nos chefs arabes que tous hommes ces religieux; absorbent leur pouvoir, dominent leurs sujets comme Mokaden.

Ces corporations religieuses se sont accrues, se sont fortifiées, sont venues s'avouer publiquement à la suite de dissentions politiques ou oppressives, étrangères. Que ce soit le fait du yatagan des janissaires ou des bayonnettes de la civilisation, ce n'en est pas moins un pouvoir qui vient dominer.

Si la province de Constantine a toujours été plus paisible que les autres provinces, cette paix est due à la situation topographique de cette partie de la colonie. La circulation des colonnes y est assez facile, et la centralisation peut y être établie avec plus de promptitude. La province d'Oran a trouvé plus de résistance, non pas tant à cause de la plus grande influence des *Khouan*, qu'à la position montagneuse du pays.

Car, en effet, il est notoire que la Kabaylie est plus industrieuse, moins barbare que la plaine. Les métiers y sont connus, pratiqués, le commerce y a même des ressources. Cette résistance n'est donc due qu'à l'amour de la liberté, et non pas à une superstition plus puissante et plus enracinée.

La corporation la plus curieuse et la moins redoutable est celle des Aissaoua. Ce sont des saltimbanques qui, selon la croyance populaire ont le don de guérir les piqûres des bêtes venimeuses, et de pouvoir impunément dévorer les mets les plus dégoûtants et les plus nuisibles. Ce sont des sociétés ambulantes qui parcourent les marchés, et qui à l'aide de quelques tours de jonglerie, parviennent à faire croire à une puissance occulte. Les femmes s'intitulant prêtresses, jouent quelquefois des rôles curieux, qui ne laissent pas que d'influencer les masses.

A la première expédition sur Milah, sous le commandement du général Négrier, une femme entièrement nue, les cheveux épars, se présenta à l'avant-garde, en chantant et en faisant des signes cabalistiques.

Cette femme était une prêtresse de la secte d'Aïssa ; depuis quelques mois elle avait annoncé à *Milah* la venue des Roumi. Nos soldats la nommaient la folle et en riaient, lorsque les Arabes l'enlevèrent avec tous les égards dus à une prêtresse.

Les bureaux arabes ont parfaitement compris que ces colporteurs de nouvelles peuvent être utiles, et nous savons déjà que dans quelques provinces beaucoup rendent des services importants pour la découverte d'assassinats, de méfaits.

La folle de Milah, par ses révélations, fut peut-être sur ce point de la province de Constantine, cause d'une soumission toute pacifique.

Refuser une certaine importance à ces détails, ce serait bien peu connaître les ressorts de l'espèce humaine, lorsque cette espèce est encore à vivre de songes et à se suspendre à la première étoile qui traverse son beau ciel. Les Aissaoua ne sont que les psylles de l'antiquité.

La secte de Moulei-Taieb eut pour fondateur Moulei-ed-Dris, un des descendants des Chourfa, c'est-à-dire d'un de ces schériffs du Maroc qui se prétendent issus du prophète.

A Fez, la maison de Moulei-ed-Dris est encore en grande vénération parmi les croyants.

Le représentant actuel est Sidi-Hadj-el-Arbi, qui réside à Ouad-Zan. On lui attribue le pouvoir de la métamorphose, et c'est à l'aide de cette transformation qu'il peut saisir les secrets, et arriver à la connaissance de toutes choses.

Cette corporation croit et vise à absorber en elle toutes les autres corporations, elle pense un jour arriver à une unité religieuse sous la dénomination de Moulei-Taieb.

Si le but vers lequel elle tend était appuyé d'une foi intelligente pour le prosélytisme, on pourrait y voir une tendance rationnelle, un esprit de corps mouvant; malheureusement cette idée d'*unité* n'est soutenue que par la haine et le dédain, pauvre ressort de propagande.

Ain-Madhi et le siége de la corporation d'Hamet-Tsid-Jani. Sidi-Hadj-Ali qui en est le chef actuel ayant eu à se plaindre d'Abd-el-Kader, qui jalousait sa puissance, se montre à notre égard neutre.

Quelques négociants français, tels que MM. Garcin et Musso, sont revenus satisfaits de leurs transactions commerciales, quoique Tugurth renferme beaucoup de sectateurs de Sidi-Hadj-Ali; cette population composée de mulâtres et de nègres, paraît vivre doucement de la vie de pasteurs, d'échanges avec les caravanes de plumes d'autruches, de dattes et tissus.

Les Derkaoua offrent par leur indépendance, leur misère orgueilleuse, affichée, l'aspect d'une petite république digne d'analyse. Le Derkaoui se reconnaît à son bernous sâle, rapiécé avec ostentation, à un bâton qu'il porte constamment comme les compagnons. S'il n'est pas en pays de frères, le Derkaoui vit seul, concentré, ses bras peuvent labourer le même sillon, on entendra jamais ses chants se mêler à ceux des autres laboureurs. Les fantazia sont pour lui des délassements qu'il méprise.

Sa prière même diffère de l'invocation musulmane. Il esquive le prophète pour adresser ses louanges à Dieu.

Les Derkaoua sont de fiers montagnards, nombreux dans la Kabaylie, ils représentent l'indépendance de l'homme, sa nationalité première. C'est plus qu'une corporation comme le prétend l'auteur des Khouan, mais une idée vivante. Les Derkaoua ont toujours été hostiles à la puissance des janissaires. Outre les récits sur Osman-bey, nous pouvons ajouter quelques détails sur la puissance de cette corporation.

En 1660, à peu près, sous le règne du même Osman, des tribus composées de Derkaoua qui habitaient non loin de Sétif, refusèrent l'impôt.

A l'aide d'une expédition dirigée par les janissaires, Osman s'empara de près de deux cents hommes de cette tribu, les fit conduire à Constantine, les fit égorger les uns après les autres, par trois coups de yatagan. Au dernier, le yatagan de l'exécuteur s'émoussa, par trois fois, bondit sur la peau sans pouvoir l'entamer. Le Derkaoua se redressa par trois fois disant : coupe, coupe, coupe donc !

Épouvanté, l'exécuteur abandonna sa victime qui regagna Sétif ; raconta l'exécution de ses frères, comment Dieu l'avait protégé, et souleva une partie de la contrée.

Les janissaires revinrent à l'attaque, mais attirés dans une embuscade, les Derkaoua ne leur tranchèrent pas la tête, mais leur arrachèrent à tous un œil et les renvoyèrent ainsi au bey Osman. Depuis cette époque, l'endroit se nomme Ain-Turco (œil du turc) et la secte fit dès-lors de plus nombreux prosélytes.

Les Derkaoua comme la franc-maçonnerie ont le noviciat et des signes particuliers pour se reconnaître. Par l'étude même de ce caractère indompté, si on parvenait dans la secte, à trouver un homme intelligent et de progrès, on arriverait certainement à un but de soumission et à une véritable puissance.

Les frères Hensali s'occupent, eux, d'éducation sans y mêler la rage religieuse.

M. Ragon, dans un livre sur les initiations, parle de la secte de Ziza qui était anciennement très-florissante.

Voici ce que nous avons recueilli sur cette secte. Elle fut l'œuvre d'une femme juive du nom de Ziza, qui veut dire bien-aimée en langue hébraïque. Ce mot-là n'est pas perdu parmi les juifs de l'Algérie. J'ai rencontré beaucoup de jeunes filles de ce nom, dans mes voyages.

Sous la puissance d'un dey d'Alger, un jour qu'il se rendait à une de ses maisons de plaisance , une jeune juive osa l'aborder malgré les sbires, et lui réclamer son père qui gémissait sous les verroux. C'était un jour où il était défendu à la population juive de sortir. Le dey fut touché de ce dévouement , accorda la grâce du père; mais comme un arrêt de peine de mort punissait toute infraction, pour sauver ces deux têtes, le bey publia un édit qui consacrait encore ce jour de libre circulation aux juifs.

Un jour de liberté chez un peuple qui gémissait sous mille affronts, c'était beaucoup; aussi le nom de Ziza devint populaire. Ce fut la fleur de la famille, le mot d'espérance, la consolation du foyer.

Par l'étude de ces diverses sectes qui entretiennent souvent l'exaltation, quelquefois l'espérance, on découvre la nécessité de combattre par l'intelligence ce prosélytisme. Les détails d'un peuple, ne doivent jamais être négligés.

En outre de ces associations, il existe chez les Arabes, des légendes poétiques; quelques-unes empreintes d'une farouche haine contre les chrétiens. Dans le silence de la nuit, dans ces gorges profondes de la Kabylie, on entend quelquefois une voix de montagnard qui entonne un chant populaire; une voix lointaine le répète, l'écho l'inscrit, et ce chant l'œuvre d'un inconnu, comme les poésies de cet autre Ossian, se trouve n'être que le souffle d'un peuple auquel chaque homme est venu jeter une phrase d'inspiration dans la solitude.

Les poésies dites pastorales sont fort répandues, expansives et empreintes d'une chasteté amoureuse assez remarquable et assez difficile à saisir chez un peuple où les mœurs sont souvent dissolues, et où la réserve du langage est rare.

Les laboureurs ont le chant à deux voix qui est harmonieux. Il consiste à rendre cette pensée : le travail n'est rien, auprès de ces riches moissons. Dieu nous rend plus que notre travail. — Si le chardon pousse sur notre terre, les épis dorés les dominent. — Il n'y a rien sans peines.

Ces couplets, entonnés par les laboureurs d'un champ, sont répétés par d'autres.

Le travail attrayant se trouve là-bas inscrit dans ces natures primitives.

On a généralement trop répété que l'Arabe était difficile à connaître et à étudier. Cette idée serait vraie, s'il s'en tenait à l'invocation intérieure, mais autant que tout autre peuple, il aime le culte apparent, par les mosquées, les goubba, les pèlerinages.

La prière au désert, pendant la halte des caravanes, au soleil couchant, peut nous offrir, à nous spectateurs, des émotions vibrantes. L'Arabe ne saisit pas cette pompe de la nature, et si son Hosohanah va ainsi majestueusement à la voute des cieux, par une pensée terrestre, elle s'arrête souvent sur le plus mince édifice où la superstition y a gravé son emreinte. Pour séduire l'Arabe, le capter, il devient urgent d'user à son égard de mystère et de prestidigitation. Les chefs de corporations, plus intelligents, ont parfaitement compris ces masses superstitieuses. Aussi, ils s'en écartent pour la vie intime, n'offrant de leur conduite que le côté insaisissable, lisant le fateah sur la tête de l'initié, en présence de la foule qu'ils subjuguent par de mystérieuses paroles.

Les Thaleb algériens, sont généralement de pauvres savants. Leurs connaissances sont ordinairement bornées à l'interprétation du Coran, mais leur puissance s'accroît du ton dogmatique, de l'existence concentrée, de la prestance et de la démarche qui est une longue étude.

Il est utile cependant de constater que quelques Thaleb surpassent leurs confrères; il s'en rencontre qui ont des connaissances vraies, sinon étendues.

Ils excellent surtout par la mémoire, connaissent à fond les lois du pays et au milieu des mutations de ces populations nomades, conservent la lignée aristocratique des races sans avoir besoin de consulter aucunes notes généalogiques. Les poètes et les conteurs sont nombreux; beaucoup voyagent à l'instar des trouvères et des troubadours. Les conteurs surtout sont affectionnés. — Il n'est pas rare de trouver dans un café arabe un homme hébergé gratis, vivant là plusieurs journées soit de l'aumône de ses auditeurs, soit de la générosité du maître de l'établissement qui spécule lui-même sur le conteur.

Les voyageurs qui font le petit négoce dans les tribus, sont ordinairement pourvus d'une belle collection de contes. Ils paient ainsi l'hospitalité qu'on leur offre. J'ai analysé plusieurs pièces de poésies sentimentales vraiment belles. Les contes arabes ont tous un but moral ; la foi récompensée, le dévouement ; mais ce en quoi excelle l'arabe, c'est dans la répartie mordante et grossière, dans les jeux de mots. Il n'est pas rare de trouver ainsi des parties engagées avec un feu roulant d'un comique que ne désavouerait pas le français.

La création d'un journal arabe est un bon événement. Si l'on pouvait aussi jeter dans les tribus quelques livres élémentaires sur notre civilisation. Ce serait d'un bon effet ; mais ce qui nous les attachera surtout, c'est le médecin. Cette classe est appelée en Algérie, à jouer un rôle puissant. Nous applaudissons de grand cœur à l'accomplissement de cette idée sur une vaste échelle. Si l'armée a été appelée en Algérie à inscrire sa bravoure, la science trouvera bien à y faire pénétrer sa belle mission civilisatrice.